8 août 1784

ORDONNANCE
PROVISOIRE
DU ROI,

Concernant la formation & la ſolde des Régimens de Chaſſeurs.

Du 8 Août 1784.

DE PAR LE ROI.

SA MAJESTÉ ayant jugé qu'il étoit du bien de ſon ſervice de ramener les régimens de Chaſſeurs à cheval à leur inſtitution primitive; & voulant que les diſpoſitions qu'Elle a arrêtées à cet égard & qui ſeront réunies au Code qu'Elle a réſolu de donner à ſes Troupes, aient inceſſamment leur exécution.

Elle a ordonné & ordonne ce qui ſuit:

ARTICLE PREMIER.

LES six régimens de Chasseurs à cheval, formeront à l'avenir six régimens de Chasseurs, désignés ainsi qu'il suit :

Régimens de Chasseurs.

Le premier régiment de Chasseurs à cheval, formera le régiment de *Chasseurs des Alpes.*

Le second régiment formera le régiment de *Chasseurs des Pyrenées.*

Le troisième, celui de *Chasseurs des Vosges.*

Le quatrième, celui de *Chasseurs des Sevennes.*

Le cinquième, celui de *Chasseurs du Gévaudan.*

Le sixième, celui de *Chasseurs des Ardennes.*

2.

Régiment.

CHAQUE régiment de Chasseurs sera composé de quatre escadrons de Chasseurs à cheval, & d'un bataillon de Chasseurs à pied.

3.

Escadron de Chasseurs à cheval.

CHAQUE escadron de Chasseurs à cheval, sera formé d'une compagnie.

Bataillon de Chasseurs à pied.

Le bataillon de Chasseurs à pied, sera formé de quatre compagnies.

4.

Pied de paix & pied de guerre.

SA MAJESTÉ distinguera, pour la composition de ses régiment de Chasseurs, un pied de paix, & un pied de guerre.

5.

LE nombre des Officiers & des bas Officiers de tout grade, sera le même sur le pied de paix & sur le pied de guerre.

6.

Apointés.

SA MAJESTÉ veut bien rétablir le grade d'Appointé en faveur des huit plus anciens Chasseurs de chaque compagnie, & l'accorder au plus ancien Trompette & au plus ancien Tambour de chaque régiment.

8 · avril 1784 ·

7.

CHAQUE escadron ou compagnie de Chasseurs à cheval, sera composé sur le pied de paix, d'un Capitaine-commandant, d'un Capitaine en second, d'un Lieutenant en premier; (cette dénomination devant être à l'avenir substituée à celle de premier Lieutenant) d'un Lieutenant en second, de deux Sous-lieutenans, d'un Maréchal-des-logis en chef, d'un Fourrier, de quatre Maréchaux-des-logis, de huit Brigadiers, de huit Appointés, de soixante-quatre Chasseurs à cheval, & de deux Trompettes; au total de quatre-vingt-huit bas Officiers, Chasseurs à cheval & Trompettes, commandés par six Officiers.

Composition des escadrons ou compagnies de Chasseurs à cheval.

8.

CHAQUE escadron ou compagnie de Chasseurs à cheval, sera composé, sur le pied de guerre, d'un Capitaine-commandant, d'un Capitaine en second, d'un Lieutenant en premier, d'un Lieutenant en second, de deux Sous-lieutenans, d'un Maréchal-des-logis en chef, d'un Fourrier, de quatre Maréchaux-des-logis, de huit Brigadiers, de huit Appointés, de cent vingt-huit Chasseurs à cheval, & de trois Trompettes, au total de cent cinquante-trois bas Officiers, Chasseurs à cheval & Trompettes, commandés par six Officiers.

9.

IL y aura un Maréchal-ferrant dans le nombre des Chasseurs à cheval de chaque compagnie.

10.

CHAQUE compagnie de Chasseurs à pied, sera composée, sur le pied de paix, d'un Capitaine-commandant, d'un Capitaine en second, d'un Lieutenant en premier, d'un Lieutenant en second, de deux Sous-lieutenans, d'un Sergent-major, d'un Fourrier, de quatre Sergens, de huit Caporaux, de huit Appointés, de cinquante-six

Des compagnies de Chasseurs à pied.

Chaſſeurs & d'un Tambour, au total de ſoixante-dix-neuf bas Officiers, Chaſſeurs & Tambour, commandés par ſix Officiers.

11.

CHACUNE des deux premières compagnies de Chaſſeurs à pied, ſera compoſée, ſur le pied de guerre, d'un Capitaine-commandant, d'un Capitaine en ſecond, d'un Lieutenant en premier, d'un Lieutenant en ſecond, de deux Sous-lieutenans, d'un Sergent-major, d'un Fourrier, de quatre Sergens, de huit Caporaux, de huit Appointés, de cent quatre Chaſſeurs & de deux Tambours, au total de cent vingt-huit bas Officiers, Chaſſeurs & Tambours, commandés par ſix Officiers.

Chacune des deux dernières compagnies, ſur le pied de guerre, ſera compoſée de même, à la réſerve qu'elle n'aura, comme ſur le pied de paix, qu'un Tambour; & elle ſera au total de cent vingt-ſept bas Officiers, Chaſſeurs & Tambour, commandées par ſix Officiers.

12.

Eſcouades. LES Caporaux ou Brigadiers, les Appointés & les Chaſſeurs de chaque compagnie de Chaſſeurs à pied ou à cheval, formeront huit eſcouades.

13.

Des Chaſſeurs à cheval. AINSI, chaque eſcouade des Chaſſeurs à cheval, ſera compoſée, ſur le pied de paix, d'un Brigadier, d'un Appointé & de huit Chaſſeurs.

Elle ſera compoſée, ſur le pied de guerre, d'un Brigadier, d'un Appointé & de ſeize Chaſſeurs.

Des Chaſſeurs à pied. Chaque eſcouade des Chaſſeurs à pied, ſera compoſée, ſur le pied de paix, d'un Caporal, d'un Appointé & de ſept Chaſſeurs.

Elle ſera compoſée, ſur le pied de guerre, d'un Caporal, d'un Appointé & de treize Chaſſeurs.

14.

8. avril 1784.

14.

MAIS Sa Majeſté ſe réſerve d'ordonner des augmentations progreſſives, entre le pied de paix & le pied de guerre, ſelon qu'Elle le jugera à propos; ces augmentations portant ſur le nombre des Chaſſeurs de chaque eſcouade, & jamais ſur celui des bas Officiers.

15.

ELLE ſe réſerve de même de tenir les eſcouades au-deſſous du pied de paix, & de réduire le nombre des chevaux des Chaſſeurs à cheval, dans une plus grande proportion que celui des hommes, ſi Elle le jugeoit convenable.

16.

LES eſcouades des Chaſſeurs à cheval, portées au pied de guerre, ou ſeulement à ſeize hommes, ſeront alors diviſées; & la ſeconde moitié de l'eſcouade ſera confiée à la police plus ſpéciale de l'Appointé, ſans ceſſer pour cela d'être aux ordres du Brigadier, qui en reſtera toujours reſponſable.

17.

LES huit eſcouades de chaque compagnie de Chaſſeurs à pied ou à cheval, commandées chacune par un Caporal ou un Brigadier, formeront quatre ſubdiviſions de la compagnie, commandées chacune par un Sergent ou un Maréchal-des-logis, & compoſées de deux eſcouades. *Subdiviſions.*

Et les quatre ſubdiviſions de la compagnie, commandées chacune par un Sergent ou un Maréchal-des-logis, formeront deux diviſions de la compagnie, commandées: la première, par le Lieutenant en premier, & ſous ſes ordres, par le premier Sous-lieutenant; & la ſeconde, par le Lieutenant en ſecond, & ſous ſes ordres, par le ſecond Sous-lieutenant. *Diviſions.*

18.

Comptes à rendre.

Le Caporal ou Brigadier ſera reſponſable de ſon eſcouade au Sergent ou Maréchal-des-logis de la ſubdiviſion duquel elle fait partie ; le Sergent ou Maréchal-des-logis le ſera de ſa ſubdiviſion au Sous-lieutenant de la diviſion dans laquelle elle eſt compriſe ; le Sous-lieutenant de chaque diviſion le ſera au Lieutenant qui la commande; le Lieutenant, au Capitaine en ſecond; le Capitaine en ſecond, au Capitaine-commandant; & chaque Capitaine-commandant ſera reſponſable de l'état de ſa compagnie, au Major.

19.

Tambours. Trompettes.

Les Tambours & les Trompettes ſeront commandés par le plus ancien d'entr'eux, ayant le grade d'Appointé; ils ſeront néanmoins ſoumis à l'autorité, police & diſcipline des Officiers & bas Officiers de leurs compagnies.

20.

Sergent-major ou Maréchal-des-logis en chef.

Le Sergent-major ou Maréchal-des-logis en chef de chaque compagnie, en commandera tous les bas Officiers & Chaſſeurs, ſubordonnément aux Officiers.

Ses fonctions.

Il ſera particulièrement chargé de tous les détails du ſervice & de la diſcipline, dont il ſera reſponſable aux Officiers de ſa compagnie.

Fourrier. Ses fonctions.

Le Fourrier aura le rang de Sergent ou de Maréchal-des-logis, & il commandera à ſon rang parmi eux. Il dreſſera tous les états & tiendra les livres & regiſtres ; & il ſera reſponſable de tous les détails de diſtribution & de comptabilité, au Quartier-maître-tréſorier ; il pourvoira au logement de la compagnie.

21.

Capitaines & Sous-lieutenans de remplacement.

Indépendamment des Capitaines-commandans & en ſecond, des Lieutenans en premier & en ſecond, & des deux Sous-lieutenans en pied ; Sa Majeſté a jugé à propos d'attacher à chaque eſcadron ou compagnie de Chaſſeurs à cheval, & à la première compagnie de chaque bataillon de Chaſſeurs à pied, un Capitaine de remplacement.

Et à chaque compagnie de Chaſſeurs à pied ou à cheval, un Sous-lieutenant de remplacement.

22.

CES Officiers ne recevront point d'appointemens. Ils auront, ſur le pied de paix, le logement quand ils ſeront à leur Corps, l'étape en route ; & ſur le pied de guerre, le nombre de rations de pain & de fourrage attribuées à leur grade. Les Officiers de remplacement des Chaſſeurs à cheval auront de plus, ſur le pied de paix, une place de fourrage, pendant le temps qu'ils devront être à leurs Corps.

23.

Service des Officiers de remplacement.

LE Capitaine de remplacement attaché à une compagnie, la commandera au défaut des Capitaines-commandans & en ſecond de cette compagnie, ou ſubordonnément à eux quand ils ſeront préſens, & ſupérieurement aux Lieutenans.

24.

LES Officiers de remplacement ne ſeront tenus de ſervir, pendant la paix, que du 1.er de Juin au 1.er d'Octobre, hors que des ordres particuliers n'apportent des changemens à cette diſpoſition.

25.

AU moyen d'une place de fourrage, accordée par l'article 22 aux Officiers de remplacement des Chaſſeurs à cheval, pendant les quatre mois qu'ils ſeront à leur Corps, ils ſeront tenus d'y avoir un cheval d'eſcadron.

26.

LE Capitaine de remplacement ſera ſpécialement attaché à la ſeconde diviſion de ſa compagnie. Lorſqu'il ſera préſent, le Lieutenant en second lui en rendra compte, & il en sera responsable au Capitaine-commandant. Le Capitaine en second n'aura alors à rendre compte à celui-ci, que de la première division.

De même lorsque le Sous-lieutenant de remplacement sera présent, il sera spécialement attaché à la seconde subdivision de la première division. Le Sergent ou Maréchal-des-logis lui en rendra compte, & il en sera responsable au Lieutenant en premier. Le premier Sous-lieutenant n'aura alors à rendre compte à celui-ci, que de la première subdivision.

27.

État-major.

L'ÉTAT-MAJOR d'un régiment de Chasseurs, sera composé d'un Colonel-commandant, d'un Colonel en second, d'un Lieutenant-colonel & d'un Major des Chasseurs à cheval; d'un Lieutenant-colonel, & d'un Major des Chasseurs à pied, d'un Quartier-maître-trésorier, de deux Adjudans des Chasseurs à cheval, & d'un Adjudant des Chasseurs à pied, d'un Chirurgien-major, d'un Aumônier, d'un maître Maréchal, d'un maître Sellier, & d'un Armurier Chasseur à pied.

28.

Rang & commandement.

L'INTENTION de Sa Majesté est que le commandement du régiment de Chasseurs appartienne toujours à l'Officier du grade supérieur, ou à grade égal, au plus ancien, indistinctement des Chasseurs à pied ou à cheval.

29.

Majors. Leurs fonctions.

LES Majors des Chasseurs à pied ou à cheval, surveilleront particulièrement tous les détails de service, police & discipline de l'arme à laquelle ils seront attachés.

Comptes à rendre par les Officiers supérieurs de l'État-major.

Les Capitaines-commandans, conséquemment à l'article 18, leur rendront compte. Ils rendront compte à leurs Lieutenans-colonels, les Lieutenans-colonels au Colonel

en

8. Avril 1784.

en second, & le Colonel en second au Colonel-commandant.

Mais au défaut du Major ou du Lieutenant-colonel des Chasseurs à pied ou des Chasseurs à cheval, l'ordre ci-dessus prescrit ne sera pas moins observé, & les comptes seront rendus par les Capitaines-commandans de l'une & de l'autre arme, à celui des deux Majors, ou par les deux Majors à celui des deux Lieutenans-colonels qui sera présent.

30.

VEUT Sa Majesté, qu'il reste à chaque régiment de Chasseurs, pendant le temps des semestres, le Lieutenant-colonel des Chasseurs à pied & le Major des Chasseurs à cheval, ou bien le Major des Chasseurs à pied & le Lieutenant-colonel des Chasseurs à cheval, & que conséquemment à l'article 28, le régiment soit commandé par le Lieutenant-colonel.

31.

LE Quartier-maître-trésorier de chaque régiment, aura le rang de Lieutenant de Chasseurs à pied ou à cheval indistinctement, selon celle de ces deux Troupes dont il aura été tiré. *Qartier-maître.*

Les Adjudans des Chasseurs à cheval, auront le rang de premiers Maréchaux-des-logis en chef, & celui des Chasseurs à pied, le rang de premier Sergent-major. Ils commanderont aux Maréchaux des-logis en chef & Sergens-majors, & conséquemment à tous les Sergens & Maréchaux-des-logis. *Adjudans.*

Le maître Maréchal & le maître Sellier auront le rang de Maréchaux-des-logis. *Maître Maréchal. & Maître Sellier.*

32.

L'INTENTION de Sa Majesté étant que les Adjudans ne perdent point, en continuant d'être Adjudans, les avantages & les récompenſes que leurs ſervices les mettront dans le cas de mériter ; ils dateront, ſans être Officiers, pour toute eſpèce de récompenſe & de grâce, de l'époque à laquelle à leur ancienneté de Sergens-majors ou de Maréchaux-des-logis en chef, ils auroient pu mériter de l'être. Cette date ſera pour eux celle de laquelle un Sergent-major ou Maréchal-des-logis en chef moins ancien qu'eux, auroit été fait Officier; & lorſque enſuite ils le ſeront eux-mêmes, ils reprendront leur rang ſur ce dernier.

33.

Nomination aux nouveaux emplois:

SA MAJESTÉ ſe réſerve de nommer aux emplois de Colonel en ſecond, Lieutenant-colonel & Major, qu'Elle crée par la préſente Ordonnance, dans ſes régimens de Chaſſeurs.

34.

Des Chaſſeurs à pied.

LES Colonels-commandans propoſeront aux emplois de Capitaine-commandant, en ſecond, & de remplacement des Chaſſeurs à pied, les neuf plus anciens Capitaines ſortis de l'Infanterie des Légions, & attachés à leurs régimens, ſavoir, les quatre plus anciens aux emplois de Capitaine-commandant, les quatre ſuivans aux emplois de Capitaine en ſecond, & le neuvième à celui de Capitaine de remplacement.

Ils propoſeront aux emplois de Lieutenant en premier & en ſecond les huit plus anciens Lieutenans ſortis de l'Infanterie des Légions, & attachés à leurs régimens, ſavoir, les quatre plus anciens aux emplois de Lieutenant en premier, & les quatre ſuivans aux emplois de Lieutenant en ſecond.

Enfin, ils propoſeront aux emplois de Sous-lieutenant en pied, & de remplacement des Chaſſeurs à pied, les douze plus anciens Sous-lieutenans ſortis de l'Infanterie des Légions, & attachés à leurs régimens, ſavoir, les huit plus anciens aux emplois de Sous-lieutenant en pied, & les quatre derniers aux emplois de Sous-lieutenant de remplacement.

35.

S'IL y a plus de neuf Capitaines, plus de huit Lieutenans & plus de douze Sous-lieutenans, ſortis de l'Infanterie des Légions, & attachés à un régiment de Chaſſeurs, les Officiers de ces grades qui ſe trouveront excéder ce nombre, attendront leur tour a être rappelés & remplacés; juſque-là, ils ne ſeront tenus à aucun ſervice, & ils continueront néanmoins de jouir des traitemens qui leur ſont attribués.

S'il y a moins de huit Capitaines ſortis de l'Infanterie des Légions, & attachés à un régiment de Chaſſeurs, le Colonel-commandant de ce régiment propoſera les anciens Lieutenans ſortis de cette Infanterie, aux emplois de Capitaine en ſecond, qui lui reſteront à nommer; & dans ce cas, comme dans celui même où il ne ſe ſera trouvé que huit Capitaines à remplacer; le Colonel-commandant propoſera pour Capitaine de remplacement, tel Officier de ſon régiment ou de tout autre, qu'il jugera convenir à cet emploi.

S'il y a moins de huit Lieutenans ſortis de l'Infanterie des Légions, & attachés à un régiment de Chaſſeurs, à remplacer, le Colonel-commandant propoſera les anciens Sous-lieutenans aux emplois de Lieutenant en ſecond.

Et enfin, il propoſera de nouveaux ſujets aux emplois de Sous-lieutenant qui lui reſteront à nommer; tous les Sous-lieutenans ſortis de l'Infanterie des Légions & attachés à ſon régiment, étant remplacés.

36.

TOUS les Officiers de l'Infanterie des Légions remplacés, ainſi qu'il vient d'être dit, aux Chaſſeurs à pied, & jouiſſant des appointemens des emplois auxquels ils ſeront nommés, perdront, à dater du jour dont ils en jouiront, les traitemens qui leur ont été jusqu'à présent attribués.

Si cependant il arrivoit que les appointemens de leurs emplois fussent inférieurs au traitement dont quelques-uns jouissent, il leur seroit payé, jusqu'à ce qu'ils parvinssent à d'autres emplois, le supplément d'appointemens nécessaire pour parfaire ce traitement.

Conséquemment, les Officiers de l'Infanterie des Légions rappelés aux emplois de remplacement des Chasseurs à pied, conserveront jusqu'à ce qu'ils passent à des emplois avec appointemens, le traitement entier dont ils jouissent.

Mais si quelques Officiers de l'Infanterie des Légions se retirent avant d'avoir été remplacés, ils ne conserveront point leur traitement; ils auront seulement la retraite attribuée à leur ancienneté de service & à leur grade.

37.

Aux emplois de remplacement des Chasseurs à cheval.

Les Colonels-commandans, proposeront aux emplois de Capitaine de remplacement des Chasseurs à cheval, les Capitaines réformés, s'il y en a, à la suite des régimens de Chasseurs à cheval.

Et après les Capitaines réformés, les Colonels pourront proposer auxdits emplois les Officiers, ou à la suite, ou tirés de leur régiment ou de tout autre, qu'ils jugeront y convenir.

38.

Âge & services exigés pour être Capitaine de remplacement.

Mais Sa Majesté exige que les Officiers qui seront proposés aux emplois de Capitaine de remplacement des Chasseurs à cheval, après les Capitaines réformés des régimens de Chasseurs à cheval, comme aux emplois de Capitaine de remplacement des Chasseurs à pied, après les Capitaines de l'Infanterie des Légions, aient au moins l'âge de dix-huit ans, & trois ans de service en qualité de Lieutenans ou de Sous-lieutenans.

39.

8. avril 1784.

39.

Sous-lieutenans de remplacement des Chaſſeurs à cheval.

Les deux troiſièmes Sous-lieutenans des deux premières compagnies de Chaſſeurs à cheval, prendront, au lieu de ce titre que Sa Majeſté ſupprime, celui de *Sous-lieutenans de remplacement.*

Les deux Porte-guidons réformés, paſſeront aux deux emplois de Sous-lieutenant de remplacement des deux dernières compagnies. Ils y conſerveront les appointemens de ſept cents vingt livres dont ils jouiſſent, juſqu'à ce qu'ils puiſſent être nommés à des emplois de Sous-lieutenant en pied, & ils le ſeront aux premiers de ces emplois qui vaqueront dans les compagnies de Chaſſeurs à cheval.

40.

Les Colonels-commandans propoſeront enſuite à ces quatre emplois de Sous-lieutenant de remplacement, lorſqu'ils viendront à vaquer, des Sous-lieutenans à la ſuite des Chaſſeurs à cheval, & de nouveaux ſujets à l'alternative ou par moitié; c'eſt-à-dire, que s'il ſe trouve à la fois pluſieurs Sous-lieutenans à remplacer & pluſieurs emplois à nommer, ils ſeront donnés moitié aux premiers & moitié à de nouveaux ſujets; & lorſqu'enſuite il n'y aura plus à la fois qu'un emploi à donner, il le ſera à l'alternative, d'abord à un Sous-lieutenant à la ſuite & après à un nouveau ſujet. Lorſqu'il ne reſtera plus de Sous-lieutenans à la ſuite des Chaſſeurs à cheval, le Colonel-commandant pourra propoſer de nouveaux ſujets à tous les emplois de Sous-lieutenant de remplacement.

41.

Suite des diſpoſitions relatives aux Officiers réformés & à la ſuite, & aux emplois de remplacement.

Les Capitaines réformés & Sous-lieutenans à la ſuite des Chaſſeurs à cheval, ſeront nommés, conſéquemment aux diſpoſitions précédentes, aux emplois de Capitaine & de Sous-lieutenant de remplacement à leur rang. Ceux qui ne pourroient l'être encore, attendront chez eux leur

Chaſſeurs. D

rang à être rappelés & remplacés, & jusqu'à ce qu'ils le soient, ils ne seront tenus à aucun service; ils auront soin d'instruire les Colonels-commandans de leurs régimens, du lieu de leur demeure, afin que ces Colonels puissent leur annoncer leur remplacement, & leur donner alors les ordres nécessaires. Il en sera de même des Officiers de l'Infanterie des Légions qui n'auront pu encore être remplacés. Veut Sa Majesté, en instituant en faveur des uns & des autres un grand nombre d'emplois, au moyen desquels Elle leur rend une plus prompte activité, que ceux qui ne profiteroient pas des moyens que sa bonté leur offre d'être remplacés à leur rang, & de rentrer en activité à son service, perdent dès-lors leur droit à l'être, & que leur rang soit passé.

42.

LES Officiers réformés ou à la suite, pourront encore être proposés par les Mestres-de-camp-propriétaires, Mestres-de-camp-commandans ou Colonels-commandans, de tout régiment & de toute arme, à tels emplois de Capitaine de remplacement ou de Sous-lieutenant en pied ou de remplacement auxquels il conviendroit à ces Officiers supérieurs de les proposer comme nouveaux sujets, en observant ce qui est prescrit relativement à la nomination de ceux-ci.

43.

MAIS après le remplacement des Capitaines réformés & Sous-lieutenans à la suite des Chasseurs à cheval, ainsi que des Officiers de l'Infanterie des Légions, Sa Majesté ne s'astreint plus à nommer à tous les emplois de Capitaine & de Sous-lieutenant de remplacement. Elle n'entend même soutenir l'institution de ces emplois qu'autant de temps qu'Elle le jugera à propos.

Sa Majesté n'exigeant point des Colonels, après le remplacement des susdits Officiers, de proposer aux emplois de remplacement au complet, Elle entend qu'ils ne proposent à ces emplois que des sujets qui pourront

8. Avril 1784

y convenir, & à qui leur fortune permettra de se passer des appointemens qu'il n'est pas entré dans ses vues de leur attribuer.

Elle se réserve, indépendamment des propositions des Colonels, de nommer à des emplois de Capitaine ou de Sous-lieutenant de remplacement, des sujets à qui il lui conviendra de les donner.

44.

LES Capitaines de remplacement, tirés d'entre les Capitaines réformés des Chasseurs à cheval ou de l'Infanterie des Légions, & ayant eu à ce titre un droit à leur remplacement, seront nommés à leur rang aux emplois de Capitaine en second.

Mais les Capitaines de remplacement qui succèderont à ceux-là, & qui seront tirés, ou des Lieutenans ou des Sous-lieutenans, ou même des Capitaines à la suite, sans avoir eu de droit à ce remplacement, ne seront plus nommés auxdits emplois de Capitaine en second, que concurremment avec les Lieutenans, & à leur rang de Lieutenant; & s'ils n'avoient pas été Lieutenans, ils ne concourroient avec les Officiers de ce grade, que comme s'ils avoient eu des Lettres de Lieutenant, de la date de leurs Commissions de Capitaine.

45.

AINSI les Lieutenans en premier des Chasseurs à pied, passeront à leur rang aux emplois de Capitaine en second des Chasseurs à pied, & les Lieutenans en premier des Chasseurs à cheval à leur rang aux emplois de Capitaine en second des Chasseurs à cheval, sans autre concurrence que celle des Capitaines de remplacement, ainsi qu'elle est établie par l'article précédent.

46.

LES Colonels-commandans proposeront, s'ils le jugent à propos, des Sous-lieutenans de remplacement aux emplois de Sous-lieutenans en pied & avec appointemens ; mais les Sous-lieutenans de remplacement n'y auront aucun droit.

Rang des Sous-lieutenans de remplacement.

Ils conserveront néanmoins, en restant Sous-lieutenans de remplacement, leur rang parmi les Sous-lieutenans en pied, & ils concourront avec eux selon la date de leurs brevets de Sous-lieutenans, tant pour le commandement & le service, que pour être nommés aux emplois de Lieutenant en second.

47.

Cadets Gentils-hommes.

MAIS l'intention de Sa Majesté est, que dans les régimens où il reste encore des Cadets-gentilshommes, & jusqu'à ce qu'ils soient éteints, les Colonels-commandans les proposent aux emplois de Sous-lieutenans en pied & avec appointemens, de préférence aux Sous-lieutenans de remplacement ou à tout autre sujet, hors qu'il n'y ait, relativement à ces Cadets-gentilshommes, des raisons d'exclusion ou de retard, dont il sera rendu compte au Secrétaire d'État de la guerre, qui prendra les ordres de Sa Majesté à leur égard.

48.

VEUT même Sa Majesté que les Cadets-gentilshommes déjà nommés Sous-lieutenans ou qui le seront à l'avenir, reprennent le rang sur les Sous-lieutenans en pied ou de remplacement, promus à ce grade de préférence à eux, & d'une date postérieure à celle dont ils sont Cadets-gentilshommes; Sa Majesté, conséquemment à l'article précédent, exceptant de ce rang à leur rendre, le cas où la nomination de ces Cadets-gentilshommes à un emploi de Sous-lieutenant, auroit été retardée pour quelque raison de mécontentement ou de négligence de service.

49.

SA MAJESTÉ ordonne aux Colonels-commandans, de ne pas proposer à remplacer à leur rang, les Officiers

Officiers réformés de l'Infanterie des Légions ou des Chasseurs à cheval, contre lesquels il y auroit des motifs semblables d'exclusion ou de retard dont il lui sera de même rendu compte, & sur lesquels elle donnera ses ordres.

50.

AUCUN sujet ne sera proposé par un Colonel-commandant, pour être Sous-lieutenant en pied ou de remplacement, qu'il n'ait l'âge de quinze ans révolus. *Âge exigé pour être Sous-lieutenant.*

51.

SA MAJESTÉ permet que ses régimens de Chasseurs soient composés indistinctémemt, dans tous les états & grades, de François & d'Étrangers. *Composition des régimens de Chasseurs.*

52.

LES Officiers, bas Officiers & Chasseurs du bataillon de Chasseurs à pied, & les Officiers, bas Officiers & Chasseurs des quatre escadrons de Chasseurs à cheval du même régiment, ne rouleront point ensemble pour leur avancement, qui aura lieu dans l'une & l'autre Troupe, sans nulle dépendance à cet égard de l'une à l'autre. *Avancement.*

Mais Sa Majesté ayant permis que les Officiers de son Infanterie fussent nommés Capitaines de remplacement des Troupes à cheval, comme les Officiers des Troupes à cheval, Capitaines de remplacement de l'Infanterie, & ses régimens de Chasseurs devant participer à cet avantage, rien n'empêchera qu'un Officier des Chasseurs à pied ou à cheval, ne soit nommé indistinctement Capitaine de remplacement des Chasseurs à pied ou à cheval de son régiment.

53.

SA MAJESTÉ voulant que la paye de ses régimens de Chasseurs soit fixée sur les mêmes principes que celle de toutes ses Troupes, & qu'ils aient de même une augmentation pendant la guerre, Elle a réglé leurs appointemens & solde ainsi qu'il suit. *Apointemens, solde & masses.*

54

Par an, ſur le pied de paix:

Appointemens, pied de paix. Etat major. Au Colonel-commandant d'un régiment de Chaſſeurs, *ſix mille livres.*

Au Colonel en ſecond, *dix-huit cents livres.*

Au Lieutenant-colonel des Chaſſeurs à pied, *trois mille ſix cents livres.*

Au Lieutenant-colonel des Chaſſeurs à cheval, *trois mille ſept cents quarante-quatre livres.*

Au Major des Chaſſeurs à pied, *trois mille livres.*

Au Major des Chaſſeurs à cheval, *trois mille cent vingt livres.*

Au Quartier-maître-tréſorier, *douze cents livres*, ou par mois, *cent livres.*

Au Chirurgien-major, *douze cents livres*, ou par mois, *cent livres.*

A l'Aumônier, *ſix cents livres*, ou par mois, *cinquante livres.*

A chaque Adjudant, *cinq cents quarante livres*, ou *trente ſous* par jour, ou par mois, *quarante-cinq livres.*

Officiers des compagnies. Au premier Capitaine-commandant des Chaſſeurs à pied, & au premier Capitaine-commandant des Chaſſeurs à cheval, *deux mille quatre cents livres.*

A chacun des trois autres Capitaines-commandans des Chaſſeurs à pied, *deux mille livres.*

A chacun des trois autres Capitaines-commandans des Chaſſeurs à cheval, *deux mille deux cents livres.*

Au premier Capitaine en ſecond des Chaſſeurs à pied, *quinze cents livres.*

Au premier Capitaine en ſecond des Chaſſeurs à cheval, *ſeize cents vingt livres.*

A chacun des trois autres Capitaines en ſecond des Chaſſeurs à pied, *douze cents cinquante livres.*

A chacun des trois autres Capitaines en ſecond des Chaſſeurs à cheval, *quinze cents livres.*

A chaque Lieutenant en premier des Chaſſeurs à pied, *neuf cents livres.*

A chaque Lieutenant en premier des Chaſſeurs à cheval, *mille livres.*

A chaque Lieutenant en ſecond des Chaſſeurs à pied, *huit cents livres.*

A chaque Lieutenant en ſecond des Chaſſeurs à cheval, *neuf cents livres.*

A chaque Sous-lieutenant en pied des Chaſſeurs à pied ou à cheval, *ſept cents vingt livres.*

55.

Il ſera payé, à dater de l'exécution de la préſente Ordonnance, à chacun des trois derniers Capitaines en ſecond des Chaſſeurs à cheval de chaque régiment, *cent vingt livres* de ſupplément d'appointemens par an, pour parfaire les mêmes appointemens dont ils jouiſſoient, ſans que ce ſupplément puiſſe s'étendre à ceux qui leur ſuccéderont dans ces emplois.

56.

Appointemens, pied de guerre.

Les appointemens ci-deſſus réglés à tous les Officiers, Chirurgien-major, Aumônier & Adjudans des régimens de Chaſſeurs, ſeront augmentés d'un quart en ſus ſur le pied de guerre.

57.

Solde, pied de paix.

Il ſera payé par jour, ſur le pied de paix :

Au Sergent-major d'une compagnie de Chaſſeurs à pied, *dix-ſept ſous.*

A chaque autre Sergent ou Fourrier, *treize ſous quatre deniers.*

A chaque Caporal, *neuf ſous quatre deniers.*

Au premier Appointé de chaque compagnie de Chaſſeurs à pied, *ſept ſous quatre deniers.*

A chaque autre Appointé, *ſix ſous dix deniers.*

A chaque Chaſſeur à pied ou Tambour, *ſix ſous quatre den.*

Au Maréchal des logis en chef d'une compagnie de Chaſſeurs à cheval, *vingt ſous.*

A chaque autre Maréchal-des-logis ou Fourrier, *quinze ſous.*

A chaque Brigadier, *dix ſous quatre deniers.*

Au premier Appointé de chaque compagnie de Chaſſeurs à cheval, *huit ſous deux deniers.*

A chaque autre Appointé, *ſept ſous huit deniers.*

A chaque Chaſſeur à cheval, *ſept ſous deux deniers.*

A chaque Trompette, *quinze ſous.*

Au maître Maréchal, *seize sous huit deniers.*

Au maître Sellier, *seize sous huit deniers.*

A l'Armurier, *six sous quatre deniers.*

Au premier Tambour de chaque régiment, ayant le grade d'Appointé, indépendamment de sa solde, *un sou* de haute paye.

Au premier Trompette de chaque régiment, ayant le grade d'Appointé, indépendamment de sa solde, *un sou* de haute paye.

58.

Masse de linge & chaussure.

VEUT Sa Majesté, que sur la solde réglée par l'article précédent, il soit retenu *seize deniers* par jour à chaque Sergent major ou Sergent, Maréchal-des-logis en chef ou Maréchal-des-logis, Brigadier, Appointé des Chasseurs à cheval, Chasseur à cheval, Trompette, maître Maréchal & Sellier; & *huit deniers* par jour à chaque Caporal, Appointé des Chasseurs à pied, Chasseur à pied, Tambour & Armurier, pour former une masse de linge & chaussure. Cette masse sera conservée dans la caisse du régiment, & le décompte en sera fait aux susdits bas Officiers & Chasseurs tous les quatre mois.

59.

LA moitié de la solde de tous les bas Officiers & Chasseurs absens par congé, & la solde entière de ceux qui n'auront pas rejoint à l'expiration de leurs congés, seront réunies à ladite masse.

60.

Supplément de solde sur le pied de guerre.

LES objets d'entretien auxquels est destinée la masse de linge & chaussure, devenant plus dispendieux pendant la guerre, Sa Majesté accorde par jour, sur le pied de guerre, un supplément de solde de huit deniers à chaque bas Officier ou Chasseur, Trompette, Tambour, maître Maréchal ou Sellier & Armurier. Ce supplément sera réuni à la masse de linge & chaussure, en augmentation de cette masse.

61.

LES Adjudans seront exceptés des dispositions relatives à la à la maſſe de linge & chauſſure, à laquelle ils n'auront nulle part. Il ne leur ſera point fait de retenue pour y fournir, & ils ne recevront point pendant la guerre le ſupplément de ſolde établi par l'article précédent.

62.

Maſſe générale.

IL ſera formé une maſſe générale, pour laquelle Sa Majeſté fera payer cent vingt-deux livres par an par chaque Chaſſeur à cheval, Trompette, Appointé, Brigadier, Maréchal-des-logis, maître Maréchal, maître Sellier, Maréchal-des-logis en chef, & Adjudant des Chaſſeurs à cheval; & quarante livres par an par chaque Chaſſeur à pied, Tambour, Armurier, Appointé, Caporal, Sergent, Sergent-major, & Adjudant des Chaſſeurs à pied. Cette maſſe deſtinée aux dépenſes de recrues, de remontes, d'habillement, d'équipement, d'entretien & de réparations, ſera chargée en outre de la retenue de la Capitation & des quatre deniers pour livre de tous les appointemens & de la ſolde. Elle ſera payée chaque mois au complet au Quartier-maître-tréſorier de chaque régiment, & dépoſée dans ſa caiſſe, & elle ſera régie par le Conſeil d'adminiſtration.

63.

Haute-paye des Tambours.

IL ſera payé à chaque Tambour ſur cette maſſe, une haute-paye de deux ſous par jour, au moyen de laquelle il ſera tenu d'entretenir ſa caiſſe de peaux & de cordages, & de ſe fournir de baguettes.

64.

Augmentation à la maſſe générale ſur le pied de guerre.

LA maſſe générale ſera, ſur le pied de guerre, de quarante-cinq livres pour les Chaſſeurs à pied, & de cent trente-ſept livres cinq ſous pour les Chaſſeurs à cheval.

65.

MAIS l'intention du Roi n'eſt pas qu'un régiment, ſur le pied de guerre quant au nombre, ſoit pour cela ſur le pied de guerre quant à la ſolde. Ce dernier n'aura lieu que de l'époque à laquelle Sa Majeſté l'ordonnera.

66.

Armement.

L'ARMEMENT des régimens de Chaſſeurs, leur ſera fourni des magaſins de Sa Majeſté.

67.

TOUTES les diſpoſitions preſcrites par la préſente Ordonnance, relativement aux appointemens, à la ſolde & aux maſſes, auront lieu du jour de ſon exécution.

68.

Exécution de la préſente Ordonnance.

POUR parvenir dans chaque régiment à l'exécution de la préſente Ordonnance, l'Inſpecteur à qui Sa Majeſté en aura donné l'ordre, fera monter ce régiment à cheval après en avoir prévenu le Commandant de la Place où il ſera en garniſon, & en préſence du Commiſſaire des guerres qui en aura la police.

69.

Revues de l'Inſpecteur & du Commiſſaire des guerres.

CET Inſpecteur fera une revue de ce régiment, & le Commiſſaire des guerres fera en même temps la ſienne pour ſervir au payement dudit régiment, juſqu'au jour de ſa nouvelle compoſition incluſivement.

70.

LES revues de l'ancienne compoſition faites, le premier commandement que le Colonel-commandant fera au régiment, d'après l'ordre de l'Inſpecteur, ou que l'Inſpecteur lui-même lui fera, s'il le juge à propos, ſera précédé de l'avertiſſement de *régiment de Chaſſeurs de* . . . . par lequel il annoncera à ce régiment le nom qu'il devra dorénavant porter.

71.

Suppreſſion des guidons.

LE ſervice que doivent faire les régimens de Chaſſeurs à la guerre, n'exigeant point de guidons, & l'intention de Sa Majeſté n'étant point qu'ils en conſervent, les deux guidons ſeront portés par leurs Porte-guidons à la droite du régiment, pour y reſter ſous la garde d'un Chaſſeur, juſqu'après l'opération de la nouvelle formation.

72.

LES deux Porte-guidons reviendront enſuite à la troiſième & quatrième compagnie des Chaſſeurs à cheval, & ils y feront reçus Sous-lieutenans de remplacement. *Officiers de remplacement des Chaſſeurs à cheval.*

Les deux troiſièmes Sous-lieutenans, attachés aux deux premières compagnies, y feront en même temps reconnus comme Sous-lieutenans de remplacement.

Et ſi Sa Majeſté a nommé déjà à des emplois de Capitaine de remplacement des Chaſſeurs à cheval, que les brevets en aient été expédiés, & que les Officiers pourvus de ces emplois ſoient préſens, ils feront reçus en cette qualité.

73.

L'INSPECTEUR ordonnera au Colonel-commandant, de choiſir entre tous les Maréchaux-des-logis en chef, Maréchaux-des-logis & Fourriers, le ſujet qu'il jugera le plus propre à remplir la ſeconde place d'Adjudant des Chaſſeurs à cheval, & il ſera reçu auſſi-tôt à cet emploi. *Second adjudant des Chaſſeurs à cheval.*

Le ſujet qui remplacera le nouvel Adjudant à l'emploi qu'il quittera, ſera nommé en même temps & reçu auſſi-tôt, ainſi que ceux qui ſeront choiſis pour les douze places nouvelles de Maréchal-des-logis que Sa Majeſté a créées. Il en ſera de même des Chaſſeurs à cheval qui ſeront promus au grade de Brigadier. *Maréchaux-des-logis.* *Brigadiers.*

74.

L'INSPECTEUR ordonnera enſuite que les huit plus anciens Chaſſeurs à cheval de chaque compagnie, ſoient reconnus pour Appointés, ainſi que le plus ancien Trompette du régiment. *Appointés.*

75.

IL réformera les chevaux les plus vieux & les plus

mauvais, jusqu'à concurrence du nombre excédant la nouvelle formation; & il ordonnera qu'ils soient vendus au profit de la masse générale.

76.

LES quatre compagnies de Chasseurs à cheval, au moyen des congés absolus, d'ancienneté ou de grâce, Invalides ou récompenses militaires, & réformés, seront ramenées dans chaque régiment, au nombre & à la fomation que Sa Majesté a fixée.

77.

Répartition des Chasseurs & formation des escouades.

ELLES seront égalisées, & l'Inspecteur ordonnera que les Chasseurs de chaque compagnie soient répartis dans les escouades à leur rang; le plus ancien Chasseur dans la première, le second dans la seconde, le troisième dans la troisième, le quatrième dans la quatrième, le cinquième dans la cinquième, le sixième dans la sixième, le septième dans la septième, le huitième dans la huitième; & ensuite le neuvième dans la première, le dixième dans la seconde, & ainsi de suite, en comprenant dans cette répartition & à leur rang, les Chasseurs qui se trouveroient aux hôpitaux ou absens:

Que les escouades ainsi formées, le premier Brigadier de chaque compagnie, & sous lui le premier Appointé, aient le commandement de la première; le second Brigadier & le second Appointé, celui de la seconde, & ainsi de suite:

Formation des subdivisions.

Qu'ensuite les subdivisions soient formées: la première, de la première & cinquième escouades, la seconde de la seconde & sixième, &c. & que les Maréchaux-des-logis prennent le commandement de ces subdivisions à leur rang; le premier celui de la première, le second celui de la seconde, & ainsi de suite.

78.

MAIS ce rang une fois établi entre les escouades & les

les ſubdiviſions, l'Inſpecteur ordonnera qu'il reſte à perpétuité le même, c'eſt-à-dire, que l'eſcouade déſignée la première ſoit toujours la première, l'eſcouade déſignée la ſeconde toujours la ſeconde, &c. quel que ſoit le rang des Brigadiers qui les commanderont :

Que de même les ſubdiviſions une fois établies, première, ſeconde, &c. & formées à perpétuité des mêmes eſcouades, conſervent toujours le même rang entr'elles, quel que ſoit celui des Maréchaux-des-logis qui les commanderont:

Diviſions intérieures des compagnies, invariables.

Qu'ainſi les diviſions intérieures des compagnies n'éprouvent de changemens que par les recrues, ou par le remplacement des bas Officiers promus à de nouveaux grades.

79.

Formation des diviſions.

ENFIN il ordonnera que les diviſions ſoient formées: la première, de la première & troiſième ſubdiviſions; la ſeconde, de la ſeconde & quatrième ſubdiviſions.

Et que dans chaque compagnie, le Lieutenant en premier, & ſous ſes ordres le premier Sous-lieutenant, aient le commandement, l'inſpection & la police ſpéciale de la première diviſion; & de même le Lieutenant en ſecond, & ſous ſes ordres le ſecond Sous-lieutenant, celui de la ſeconde diviſion.

80.

Formation des chambrées & des ordinaires.

LES chambrées & les ordinaires ſeront formées, autant qu'il ſe pourra, dans l'ordre des eſcouades, ſubdiviſions & diviſions, ci-deſſus indiqué; de manière que les Chaſſeurs des mêmes eſcouades, ſubdiviſions & diviſions, logeant & vivant, ou enſemble, ou le plus près qu'il ſe pourra, ſoient conſtamment ſoumis à la vigilance & police des mêmes bas Officiers.

Mais les diviſions de police intérieure ſeront ſubordonnées dans l'ordre de bataille à ce que preſcrit l'Ordonnance de l'exercice, relativement à la diſpoſition des

Chaſſeurs à cheval dans le rang, & aux diviſions qui doivent y être obſervées.

81.

Chaſſeurs à pied. APRÈS ces opérations relatives aux Chaſſeurs à cheval, terminées, l'Inſpecteur s'occupera des Chaſſeurs à pied.

Il ordonnera au Colonel-commandant de faire aſſembler à la droite du régiment :

Les Officiers de l'Infanterie des légions, remplacés au bataillon de Chaſſeurs à pied, s'ils ont pu déjà ſe rendre aux emplois auxquels ils ſeront nommés :

Les bas Officiers, Fuſiliers & Tambours tirés de l'Infanterie pour former ledit bataillon :

Les Recrues qui y ſeroient déjà engagées :

Enfin, le Lieutenant-colonel & le Major que Sa Majeſté aura nommés aux emplois ſupérieurs de ce bataillon, ſi Elle y a déjà nommé, & ſi ces Officiers ont eu le temps de le joindre.

82.

L'INSPECTEUR ordonnera enſuite au Colonel-commandant de recevoir à la tête du bataillon des Chaſſeurs à pied :

Adjudant, Officiers ſupérieurs du bataillon de Chaſſeurs.

L'Adjudant qui devra y ſervir :

Le Major de ce bataillon :

Et le Lieutenant-colonel.

Colonel en ſecond du régiment de Chaſſeurs.

Après quoi le Colonel-commandant recevra à la tête du régiment de Chaſſeurs, compoſé des quatre eſcadrons de Chaſſeurs à cheval, & du bataillon de Chaſſeurs à pied, le Colonel en ſecond de ce régiment, ſi Sa Majeſté a déjà nommé cet Officier ſupérieur, & s'il a eu le temps de joindre.

83.

APRÈS la réception des ſuſdits Officiers ſupérieurs, le Lieutenant-colonel & le Major des Chaſſeurs à pied, ſous l'autorité des Colonels-commandans & en ſecond, & aidés de l'Adjudant, formeront en quatre compagnies les bas Officiers, Fuſiliers & Tambours deſtinés à la première formation du bataillon de Chaſſeurs. *Formation des compagnies de Chaſſeurs à pied.*

Ils placeront à la première compagnie le plus ancien des quatre Sergens deſtinés à être Sergens-majors; le premier, cinquième, neuvième & treizième des Caporaux deſtinés à être Sergens, le premier des Caporaux deſtinés à être Fourriers, le premier, cinquième, neuvième, &c. des Appointés ou Fuſiliers deſtinés à être Caporaux juſqu'au nombre de huit; le premier, cinquième, &c. des Fuſiliers deſtinés à être Appointés, & le plus ancien Tambour.

De même à la ſeconde compagnie, le ſecond des Sergens deſtinés à être Sergens-majors; le ſecond, ſixième, &c. des Caporaux deſtinés à être Sergens; le ſecond des Caporaux deſtinés à être Fourriers, le ſecond, ſixième, dixième, &c. des Appointés ou Fuſiliers deſtinés à être Caporaux; le ſecond, ſixième, &c. des Fuſiliers deſtinés à être Appointés, & le ſecond Tambour.

Enfin, à la troiſième compagnie, le troiſième Sergent; à la quatrième, le quatrième; en ſuivant le même ordre dans la répartition des bas Officiers, Fuſiliers ou Chaſſeurs, tirés de l'Infanterie pour former la tête des compagnies de Chaſſeurs.

Les Fuſiliers ou Chaſſeurs tirés de l'Infanterie, ſans être encore aſſez anciens pour être Appointés, ſeront répartis de même dans les quatre compagnies ſelon l'ordre de leur ancienneté, ainſi que les Recrues qui pourroient déjà être engagées pour le bataillon de Chaſſeurs.

84.

APRÈS cette répartition des bas Officiers, Chaſſeurs & Tambours en quatre compagnies, le premier Capitaine-commandant ſera placé à la tête de la première compagnie avec le premier Capitaine en ſecond, le Capitaine de *Officiers deſdites compagnies.*

remplacement, le premier Lieutenant en premier, le premier Lieutenant en second, le premier & le cinquième Sous-lieutenant en pied & le premier Sous-lieutenant de remplacement.

De même le second Capitaine-commandant à la tête de la seconde compagnie, avec le second Capitaine en second, le second Lieutenant en premier, le second Lieutenant en second, le second & sixième Sous-lieutenans en pied, & le second Sous-lieutenant de remplacement :

Le troisième Capitaine-commandant & autres Officiers à leur rang à la tête de la troisième compagnie ; le quatrième à la tête de la quatrième, &c.

Les Officiers placés à la tête des compagnies qu'ils devront commander, y seront reçus en leurs grades par un Officier supérieur, & le Capitaine-commandant de chaque compagnie recevra ensuite tous les bas Officiers de sa compagnie, qui ayant été tirés de l'Infanterie, auront été choisis pour entrer au bataillon de Chasseurs, en y obtenant un nouveau grade.

85.

Escouades, subdivisions & divisions.

Les articles 77, 78, 79 & 80, relatifs à la formation des escouades, subdivisions & divisions, & à celle des chambrées & ordinaires qui, autant qu'il se pourra, y sera conséquente, seront observés pour les compagnies de Chasseurs à pied, comme pour celles de Chasseurs à cheval, & les divisions intérieures de ces compagnies resteront de même invariables.

86.

Rang des compagnies.

La première compagnie du bataillon une fois désignée, en restera toujours la première, & elle sera toujours commandée par le premier Capitaine-commandant & le premier Capitaine en second qui passeront à cette compagnie lorsqu'ils deviendront les premiers de leurs grades. Les trois

8 Août 1784

trois autres compagnies ſuivront le rang de leurs Capitaines-commandans.

87.

LA formation des Chaſſeurs à pied & à cheval ainſi terminée, l'Inſpecteur fera une revue du régiment. *Seconde revue de l'Inſpecteur & du Commiſſaire des guerres.*

Le Commiſſaire des guerres fera la ſienne pour ſervir, à compter de ce jour, au nouvel état d'appointemens & de ſolde & de la Maſſe. Il conſtatera la nouvelle compoſition du régiment de Chaſſeurs par un procès-verbal, dont un double ſera adreſſé au Secrétaire d'État de la guerre, & un autre au Tréſorier. *Procès-verbal de la nouvelle compoſition.*

88.

LES Guidons des Chaſſeurs à cheval ſeront portés encore par les anciens Porte-guidons, & conduits par un détachement à l'égliſe principale du lieu où ils ſeront dépoſés. *Guidons.*

89.

SA MAJESTÉ ordonne qu'il ſoit payé à chacun des anciens Porte-guidons, ſur les fonds de la Maſſe générale, cent livres par an, pour leur tenir lieu de la Maſſe qu'ils avoient pour ſervir à les monter, & ce ſeulement juſqu'à ce qu'ils ſoient nommés à des emplois de Lieutenant en ſecond. *Anciens Porte-guidons.*

Il ſera payé de même ſur la Maſſe générale à l'Armurier, dorénavant réuni à l'État-major des Chaſſeurs à pied, dix deniers par jour de ſupplément de ſolde, pour parfaire celle dont il jouiſſoit, ſans que cet avantage puiſſe s'étendre à celui qui ſera Armurier après lui, & qui ſera à la ſolde de Chaſſeur à pied. *Armurier.*

90.

LE régiment de Chaſſeurs étant renvoyé dans ſes quartiers, l'Inſpecteur fera aſſembler le Conſeil d'adminiſtration, qui ſera dorénavant compoſé des Colonels- *Travail de comptabilité.*

commandans & en fecond, des deux Lieutenans-colonels, des deux Majors, du premier Capitaine-commandant des Chaffeurs à pied, & du premier Capitaine-commandant des Chaffeurs à cheval. Il examinera les fonds en caiffe & les effets en magafin de l'ancien régiment de Chaffeurs à cheval. Il fera former des états féparés de tous les objets, que l'ancien Confeil d'adminiftration dudit régiment certifiera; & il les vifera. Il fe fera remettre des aperçus de toutes les dépenfes néceffaires d'ici au 1.er de Juin, pour confommer la formation du régiment de Chaffeurs, ces dépenfes comparées aux fonds que ce régiment fera dans le cas de recevoir. L'Infpecteur donnera les inftructions & les ordres néceffaires. Il adreffera au Secrétaire d'État de la guerre, en lui rendant compte de fon opération, des doubles de tous les états qui lui auront été remis, & des copies des ordres & inftructions qu'il aura donnés.

États à former.

MANDE & ordonne Sa Majefté aux Officiers généraux ayant commandement fur fes Troupes, aux Gouverneurs, Lieutenans généraux, Commandans en chef & en fecond dans fes provinces, aux Infpecteurs généraux de fes Troupes, aux Gouverneurs & Commandans de fes Villes & Places, aux Colonels de fes régimens de Chaffeurs, aux Intendans en fefdites provinces & fur fes frontières, aux Commiffaires des guerres, & à tous autres fes Officiers qu'il appartiendra, de tenir la main à l'exécution de la préfente Ordonnance.

FAIT à Verfailles, le huit août mil fept cent quatre-vingt-quatre.

Signé LOUIS. *Et plus bas,* LE M.AL DE SÉGUR.

8 août 1784

TABLEAU des Appointemens & Solde.

	PIED DE PAIX.			PIED DE GUERRE.		
	Par jour.	Par mois.	Par an.	Par jour.	Par mois.	Par an.
RÉGIMENS DE CHASSEURS.						
Au premier Capitaine-commandant de Chasseurs à pied, & au premier Capitaine-commandant des Chasseurs à cheval de chaque régiment, six livres treize sous quatre deniers sur le pied de paix; & huit livres six sous huit deniers sur le pied de guerre, ci...........	6l 13s 4d	200l ″s ″d	2400l	8l 6s 8d	250l ″s ″d	3000l
A chacun des trois autres Capitaines-commandans des Chasseurs à pied, cinq livres onze sous un denier un tiers, pied de paix; & six livres dix-huit sous dix deniers deux tiers, pied de guerre, ci...	5. 11. 1 ⅓	166. 13. 4	2000.	6. 18. 10 ⅔	208. 6. 8	2500.
A chacun des trois autres Capitaines-commandans des Chasseurs à cheval, six livres deux sous deux deniers deux tiers, pied de paix; & sept liv. douze sous neuf deniers un tiers, pied de guerre, ci.....	6. 2. 2 ⅔	183. 6. 8	2200.	7. 12. 9 ⅓	229. 3. 4	2750.
Au premier Capitaine en second des Chasseurs à pied, quatre livres trois sous quatre deniers, pied de paix; & cinq livres quatre sous deux deniers, pied de guerre, ci.....	4. 3. 4	125. ″ ″	1500.	5. 4. 2	156. 5. ″	1875.
Au premier Capitaine en second des Chasseurs à cheval, quatre livres dix sous, pied de paix; & cinq livres douze sous six deniers, pied de guerre, ci...........	4. 10. ″	135. ″ ″	1620.	5. 12. 6	168. 15. ″	2025.
A chacun des trois autres Capitaines en second des Chasseurs à pied, trois livres neuf sous cinq deniers un tiers, pied de paix; & quatre livres six sous neuf deniers deux tiers, pied de guerre, ci...	3. 9. 5 ⅓	104. 3. 4	1250.	4. 6. 9 ⅔	130. 4. 2	1562. 10
A chacun des trois autres Capitaines en second des Chasseurs à cheval, quatre livres trois sous quatre deniers, pied de paix; & cinq livres quatre sous deux deniers, pied de guerre, ci...........	4. 3. 4	125. ″ ″	1500.	5. 4. 2	156. 5. ″	1875.
A chaque Lieutenant en premier des Chasseurs à pied, deux liv-						

	PIED DE PAIX.			PIED DE GUERRE.		
	Par jour.	Par mois.	Par an.	Par jour.	Par mois.	Par an.
dix fous, pied de paix ; & trois livres deux fous fix deniers, pied de guerre, ci...............	2l 10f ″d	75l ″f ″d	900l	3l 2f 6d	93l 15f ″d	1125l
A chaque Lieutenant en premier des Chaſſeurs à cheval, deux livres quinze fous fix deniers deux tiers, pied de paix ; & trois livres neuf fous cinq deniers un tiers, pied de guerre, ci..............	2. 15. 6 2/3	83. 6. 8	1000.	3. 9. 5 1/3	104. 3. 4	1250.
A chaque Lieutenant en ſecond des Chaſſeurs à pied, deux livres quatre fous cinq deniers un tiers, pied de paix ; & deux livres quinze fous fix deniers deux tiers, pied de guerre, ci.............	2. 4. 5 1/3	66. 13. 4	800.	2. 15. 6 2/3	83. 6. 8	1000.
A chaque Lieutenant en ſecond des Chaſſeurs à cheval, deux livres dix fous, pied de paix ; & trois livres deux fous fix deniers, pied de guerre, ci...............	2. 10. ″	75. ″ ″	900.	3. 2. 6	93. 15. ″	1125.
A chaque Sous-lieutenant en pied des Chaſſeurs à pied ou à cheval, deux livres pied de paix ; & deux livres dix fous, pied de guerre, ci.................	2. ″ ″	60. ″ ″	720.	2. 10. ″	75. ″ ″	900.
Au Sergent-major de chaque compagnie de Chaſſeurs à pied, dix-ſept fous, pied de paix ; & dix-ſept fous huit deniers, pied de guerre, ci.............. ...	″ 17. ″	25. 10. ″	306.	″ 17. 8	26. 10. ″	318.
A chaque autre Sergent ou Fourrier, treize fous quatre deniers, pied de paix ; & quatorze fous, pied de guerre, ci.......	″ 13. 4	20. ″ ″	240.	″ 14. ″	21. ″ ″	252.
A chaque Caporal, neuf fous quatre deniers, pied de paix ; & dix fous, pied de guerre, ci....	″ 9. 4	14. ″ ″	168.	″ 10. ″	15. ″ ″	180.
Au premier Appointé de chaque compagnie de Chaſſeurs à pied, ſept fous quatre deniers, pied de paix ; & huit fous, pied de guerre, ci......................	″ 7. 4	11. ″ ″	132.	″ 8. ″	12. ″ ″	144.
A chaque autre Appointé, fix fous dix deniers, pied de paix ; & ſept fous fix deniers, pied de guerre, ci................	″ 6. 10	10. 5. ″	123.	″ 7. 6	11. 5. ″	135.

A chaque

	PIED DE PAIX.			PIED DE GUERRE.		
	Par jour.	Par mois.	Par an.	Par jour.	Par mois.	Par an.
A chaque Chaſſeur à pied ou Tambour, ſix ſous quatre deniers, pied de paix; & ſept ſous, pied de guerre, ci................	″l 6s 4d	9l 10s ″d	114l	″l 7s ″d	10l 10s ″d	126l
Au Maréchal-des-logis en chef de chaque compagnie de Chaſſeurs à cheval, vingt ſous, pied de paix; & vingt ſous huit deniers, pied de guerre, ci..............	1. ″ ″	30. ″ ″	360.	1. ″ 8	31. ″ ″	372.
A chaque autre Maréchal-des-logis ou Fourrier, quinze ſous, pied de paix; & quinze ſous huit deniers, pied de guerre, ci....	″ 15. ″	22. 10. ″	270.	″ 15. 8	23. 10. ″	282.
A chaque Brigadier, dix ſous quatre deniers, pied de paix; & onze ſous, pied de guerre, ci...	″ 10. 4	15. 10. ″	186.	″ 11. ″	16. 10. ″	198.
Au premier Appointé de chaque compagnie de Chaſſeurs à cheval, huit ſous deux deniers, pied de paix; & huit ſous dix deniers, pied de guerre, ci.........	″ 8. 2	12. 5. ″	147.	″ 8. 10	13. 5. ″	159.
A chaque autre Appointé, ſept ſous huit deniers, pied de paix; & huit ſous quatre deniers, pied de guerre, ci................	″ 7. 8	11. 10. ″	138.	″ 8. 4	12. 10. ″	150.
A chaque Chaſſeur à cheval, ſept ſous deux deniers, pied de paix; & ſept ſous dix deniers, pied de guerre, ci..............	″ 7. 2	10. 15. ″	129.	″ 7. 10	11. 15. ″	141.
A chaque Trompette, quinze ſous, pied de paix; & quinze ſous huit deniers, pied de guerre, ci..	″ 15. ″	22. 10. ″	270.	″ 15. 8	23. 10. ″	282.
Au premier Tambour de chaque régiment, ayant le grade d'Appointé, indépendamment de ſa ſolde, un ſou de haute-paye, ci..	″ 1. ″	1. 10. ″	18.	″ 1. 8	2. 10. ″	30.
Au premier Trompette de chaque régiment, ayant le grade d'Appointé, indépendamment de ſa ſolde, un ſou de haute-paye, ci..	″ 1. ″	1. 10. ″	18.	″ 1. 8	2. 10. ″	30.
ÉTAT-MAJOR.						
Au Colonel-commandant de chaque régiment, ſeize livres treize ſous quatre deniers, pied de paix; & vingt liv. ſeize ſous huit deniers, pied de guerre, ci..	16. 13. 4	500. ″ ″	6000.	20. 16. 8	625. ″ ″	7500.

	PIED DE PAIX.			PIED DE GUERRE.		
	Par jour.	Par mois.	Par an.	Par jour.	Par mois.	Par an.
Au Colonel en second, cinq livres, pied de paix; & six livres cinq sous, pied de guerre, ci....	5l //s //d	150l //s //d	1800l	6l 5s //d	187l 10s //d	2250l
Au Lieutenant-colonel des Chasseurs à pied, dix livres, pied de paix; & douze livres dix sous, pied de guerre, ci...........	10. // //	300. // //	3600.	12. 10. //	375. // //	4500.
Au Lieutenant-colonel des Chasseurs à cheval, dix livres huit sous, pied de paix; & treize livres, pied de guerre, ci...........	10. 8. //	312. // //	3744.	13. // //	390. // //	4680.
Au Major des Chasseurs à pied, huit livres six sous huit deniers, pied de paix; & dix livres huit sous quatre deniers, pied de guerre, ci.	8. 6. 8	250. // //	3000.	10. 8. 4	312. 10. //	3750.
Au Major des Chasseurs à cheval, huit livres treize sous quatre deniers, pied de paix; & dix livres seize sous huit deniers, pied de guerre, ci................	8. 13. 4	260. // //	3120.	10. 16. 8	325. // //	3900.
Au Quartier-maître-trésorier, trois livres six sous huit deniers, pied de paix; & quatre livres trois sous quatre den. pied de guerre, ci.	3. 6. 8	100. // //	1200.	4. 3. 4	125. // //	1500.
Au Chirurgien-major, trois livres six sous huit deniers, pied de paix; & quatre livres trois sous quatre deniers, pied de guerre, ci.	3. 6. 8	100. // //	1200.	4. 3. 4	125. // //	1500
A l'Aumônier, une livre treize sous quatre deniers, pied de paix; & deux livres un sou huit deniers, pied de guerre, ci...........	1. 13. 4	50. // //	600.	2. 1. 8	62. 10. //	750.
A chaque Adjudant, une livre dix sous, pied de paix; & une livre dix-sept sous six deniers, pied de guerre, ci..........	1. 10. //	45. // //	540.	1. 17. 6	56. 5 //	675.
Au maître Maréchal, seize sous huit deniers, pied de paix; & dix-sept sous quatre deniers, pied de guerre, ci.................	// 16. 8	25. // //	300.	// 17. 4	26. // //	312.
Au maître Sellier, seize sous huit deniers, pied de paix; & dix-sept sous quatre deniers, pied de guerre, ci................	// 16. 8	25. // //	300.	// 17. 4	26. // //	312.
A l'Armurier, six sous quatre deniers, pied de paix; & sept sous, pied de guerre, ci............	// 6. 4	9. 10. //	114.	// 7. //	10. 10. //	126.

A PARIS, DE L'IMPRIMERIE ROYALE. 1784.

www.ingramcontent.com/pod-product-compliance
Ingram Content Group UK Ltd.
Pitfield, Milton Keynes, MK11 3LW, UK
UKHW032021260826
14628UKWH00006B/2641

9 782329 311760